AF493170

EL PODER DEL TIEMPO

7 reglas para gestionar el tiempo y recuperar el control de tu vida

Daniel J. Martin

Copyright © 2023 Daniel J. Martin

Todos los derechos reservados. Queda rigurosamente prohibida, sin la autorización escrita de los titulares del copyright, bajo las sanciones establecidas en las leyes, la reproducción total o parcial de esta obra por cualquier medio o procedimiento, incluidos la reprografía y el tratamiento informático, y la distribución de ejemplares mediante alquiler o préstamo públicos.

ISBN 9789916993750

Aviso: Este libro ha sido creado con la intención de ofrecer información, sugerencias y orientación sobre distintas áreas de la vida, entre ellas el bienestar emocional, la salud mental, el crecimiento personal y el desarrollo de relaciones saludables. Sin embargo, no sustituye en ningún caso a la atención médica profesional o al asesoramiento de un psicólogo o terapeuta calificado. Si estás enfrentando problemas serios de salud mental o emocional, te recomendamos que busques ayuda profesional de manera inmediata.

«*No cuentes los días, haz que los días cuenten.*»

— Muhammad Ali

ÍNDICE

¡Un regalo solo para ti!

¿Te gustaría leer **mi próximo libro completamente GRATIS**? ¡Escanea el código que aparece debajo y **apúntate a mi club de lectores**!

Te esperan grandes sorpresas: sé el primero en leer mis nuevos lanzamientos, escucha mis audiolibros de forma gratuita, consigue copias firmadas y dedicadas... ¡y mucho más!

Introducción

¿Alguna vez has sentido que el tiempo se te escapa de las manos? ¿Que tienes mil cosas que hacer y no sabes por dónde empezar? ¿Que no llegas a todo lo que te propones? Si es así, no estás solo. La gestión del tiempo es una habilidad que muchas personas encuentran difícil de dominar, pero crucial para alcanzar nuestros objetivos y vivir una vida plena y satisfactoria.

Nuestra vida está hecha de tiempo. En realidad, todo en este mundo está hecho de tiempo: la carrera de la gente a quien admiras, la comida que te has preparado hoy, las catedrales góticas, ... Todo lleva tiempo. Y el tiempo que se dedica a hacer algo ya no vuelve más: no se puede reciclar, de ahí la importancia de usarlo con intención en lugar de malgastarlo o simplemente dejarlo pasar.

Gestionar el tiempo que tenemos es como jugar una partida de cartas: cada carta echada sobre la mesa ya no se puede recuperar, por eso es básico analizar nuestras opciones antes de cada jugada.

Alcanzados los 18 años de edad (yo diría que incluso antes), es nuestra responsabilidad tratar de aprovechar el tiempo lo mejor que podamos: de ello depende nuestro futuro y nuestra felicidad. Y, aunque ahora mismo todavía te cueste verlo, te puedo asegurar que tenemos más libertad de la que creemos para gestionar nuestro tiempo.

Cuando digo esto, muchos de mis pacientes protestan. Llevan parte de razón: sé que no podemos hacer exactamente lo que queremos con nuestro tiempo y a todas horas. Cuando nos levantamos cada mañana tenemos que desayunar y prepararnos a toda prisa para ir al trabajo, asistir a reuniones, revisar presupuestos, aguantar atascos y hacer otras muchas actividades que no nos aportan nada. Soy consciente de que no podemos tumbarnos a saborear una piña colada mientras otros trabajan para nosotros. Pero también sé que perdemos mucho más tiempo del estrictamente necesario por no tomar buenas decisiones.

El tiempo no es fácil de gestionar, pero afortunadamente, al igual que cualquier otra tarea, es algo que se puede aprender. Si aprendes a gestionar tu tiempo, serás dueño de tu vida. Y para aprender a gestionarlo, lo primero es hacerte las preguntas correctas: ¿gestionarlo para qué? ¿En qué dirección? ¿Qué quiero conseguir con ello?

Profundizaremos en estas y otras cuestiones a lo largo de este libro. Porque no lograrás ser feliz si antes no te planteas cuáles son tus intenciones, objetivos y situación actual. Si no eres consciente de ello, acabarás viviendo sin intención, siguiendo al rebaño sin saber por qué haces lo que haces y en qué se te van los días.

Las personas sabias conocen el valor del tiempo. Los buenos líderes y la gente feliz, también. Todos ellos planifican sus objetivos con antelación y sacan jugo de cada minuto de su vida. Porque lo cierto es que el tiempo pasa, lo aprovechemos o no.

Por si esto no fuese suficiente, la gestión del tiempo, además, está íntimamente relacionada con nuestra salud física y mental. Pues, si no controlas bien el flujo de trabajo, las decenas de tareas que debes cumplir cada día te supondrán un tremendo estrés y agotamiento. Irás siempre a la carrera, improvisando estrategias para recuperar el tiempo perdido y desaprovechando oportunidades. Es decir: si gestionar bien el tiempo te aporta beneficios, la no gestión de este no te deja en una situación neutra, sino en una situación claramente negativa.

La no gestión del tiempo tiene consecuencias nefastas que, tarde o temprano, te pasarán factura. Y no te digo esto para desanimarte o para asustarte: te lo digo porque está en tu mano cambiar esta situación.

Yo también sé lo que es no cumplir con las obligaciones previstas. Sé la impotencia que sigue a otra monumental pérdida de tiempo debida a una mala planificación. Conozco el sentimiento de culpa que crece cuando los días pasan sin alcanzar ningún logro y sin saber por dónde empezar. Lo sé porque, como tú, yo también he estado ahí.

Cuando era adolescente, la gestión de mi tiempo brillaba por su ausencia. Los días, simplemente, pasaban mientras yo me distraía con cualquier cosa e iba aplazando las tereas realmente importantes, aquellas con el potencial de mejorar mi vida, una y otra vez.

Por suerte, el sentimiento de vacío que esto me hizo sentir me impulsó a buscar aquellas herramientas y estrategias comunes que compartían las personas con mayores niveles de éxito y satisfacción personal a lo largo de la historia.

No fue un camino fácil, pero sí un camino que mereció la pena. Y, a día de hoy, puedo decir que he logrado, como dijo Golda Meir[1]: «Gobernar el reloj, no ser gobernado por él».

¿Cómo lo conseguí?

Básicamente, descubrí que la gestión eficaz del tiempo se apoya en 4 pilares:

1. **Conocer el punto en el que estoy**, incluyendo mis obligaciones actuales y los objetivos que quiero lograr.

---

1 Golda Meir fue la primera mujer en convertirse en primera ministra de Israel, cargo que ocupó durante diez años.

2. **Planificar los días en torno a rutinas** que equilibren los dos puntos anteriores (obligaciones y objetivos).

3. **Clasificar y ordenar cada nueva tarea** en función de su importancia y/o urgencia.

4. **Centrar toda la atención en una única tarea** cada vez.

Siguiendo estos pasos, diseñé **las 7 reglas definitivas para gestionar el tiempo**. Siete reglas que se basan en años de experiencia y estudios sobre la gestión del tiempo, la productividad y la psicología del éxito, que he aplicado con éxito en cientos de pacientes, y finalmente decidí plasmar en este libro para que sean miles o millones de personas las que puedan beneficiarse de sus sorprendentes resultados.

Tanto si necesitas rendir más en el trabajo como si quieres sacar tiempo para una nueva actividad, te ha surgido un gran «ladrón de tiempo» o si simplemente quieres vivir una vida más tranquila y relajada, estas 7 reglas son para ti.

¿Qué puedo esperar de este libro?

Quiero que te tomes la lectura de este libro como una inversión de futuro. Tal vez una de las mejores inversiones que puedas hacer en tu vida.

Lo único que necesitas para empezar es una buena predisposición. Aparca los prejuicios que puedas tener hacia los libros de autoayuda que prometen milagros: lo que yo expongo aquí son conceptos y herramientas totalmente prácticos, muy fáciles de entender y más fáciles aún de aplicar. No vendo filosofías, energías invisibles o poderes esotéricos: solo es necesario actitud y ganas de trabajar. Las 7 reglas harán el resto. ¡Te lo prometo!

Imagina por un momento cómo sería tu vida si pudieras administrar tu tiempo de manera efectiva. Imagina despertarte cada mañana sintiéndote motivado y con energía, sabiendo que tienes un plan claro y definido para el resto del día. Imagina lograr más en menos tiempo, y tener más tiempo libre para hacer las cosas que realmente te gustan y pasar tiempo de calidad con las personas que amas.

Y si esto todavía no te parece suficiente, continúa leyendo, porque solo acabamos de empezar.

¿Estás listo? ¡Vamos allá!

¡No hay tiempo que perder!

Daniel

Por qué debemos aprender a gestionar el tiempo

«La mala noticia es que el tiempo vuela. La buena noticia es que tú eres el piloto.»
— Michael Altshuler

Supongamos que debes trasladar agua de un lugar a otro rápidamente y con la ayuda de cubos. En tu primer viaje llenas mucho los cubos, de modo que vas perdiendo agua por el camino. También tratas de ir rápido, con lo que, cuando llegas a donde tienes que vaciar los cubos, estás tan agotado que tiras la mitad del agua al suelo. En tus siguientes viajes, mejoras la técnica: llenas menos los cubos y vas más despacio. También miras por dónde pisas para evitar tropezones y compruebas que los cubos no tengan agujeros, es decir: estudias la situación y manejas opciones para ser lo más eficaz posible.

Con la gestión del tiempo sucede lo mismo: al principio lo perdemos por el camino, y es a base de experiencia y de diseñar estrategias que somos capaces de rentabilizar nuestras energías.

Todos tenemos la misma cantidad de tiempo cada día: 24 horas. Aun sabiéndolo (no hay sorpresas en este sentido, todos los días tienen la misma duración), seguimos terminando las jornadas agotados y sin acabar las tareas que nos habíamos propuesto. Eso significa que o bien nuestra lista de tareas no era realista o bien no hemos gestionado bien las horas y «nos ha pillado el toro», como se dice en España, o bien estamos demasiado expuestos a los imprevistos.

Todas esas cosas pueden pasar de vez en cuando, pero no de forma continua: si estamos ocupados durante todo el día pero siempre nos quedan tareas por hacer, si no logramos sacar tiempo para descansar o no disfrutamos nunca de nada, hay que parar máquinas y revisar.

La importancia de poner el foco en la gestión del tiempo

¿Por qué debo organizar mi vida en base al tiempo y no a mis objetivos o a mi búsqueda de la felicidad, por ejemplo?

Es una buena pregunta. La razón es que, como decíamos en la introducción, tus objetivos están hechos de tiempo. Si no fijas tus objetivos sobre plazos medibles de tiempo, fracasarás, es así de simple.

¿Por qué? Porque el tiempo es lineal y es limitado. Eso es algo que a menudo olvidamos en nuestro día a día: después de una jornada nos acostamos, despertamos y tenemos un nuevo día listo para estrenar. Esto nos transmite la sensación de que siempre tendremos un nuevo día disponible. Lo que no logremos hoy, lo podemos lograr mañana. Y en cierta medida es así, pero hasta un punto, porque los días se acabarán en algún momento. Por eso debemos tener siempre presente que la persecución de los objetivos requiere fragmentos de tiempo delimitados por un inicio y un final.

En cuanto a la búsqueda de la felicidad, esta se construye sobre nuestra salud mental, algo muy vulnerable al estrés o al hastío que genera precisamente la mala gestión del tiempo.

Así que aprender a gestionar el tiempo no solo nos permite ser más productivos y eficaces, sino que también nos hace crecer como personas, contribuyendo a nuestro desarrollo espiritual y a nuestra felicidad.

Cuando priorizamos la gestión del tiempo no estamos retrasando la felicidad, al contrario, nos estamos acercando a ella. ¿Por qué? Porque ponemos en práctica una serie de habilidades que allanan el camino hacia el bienestar y la plenitud personal.

¿Qué efectos provoca en nuestra vida la buena gestión del tiempo?

Además de aumentar nuestra productividad, hay otros beneficios: ¡todo en el mismo pack!

1. Incrementa la autodisciplina.

La autodisciplina nos ayuda a luchar contra la procrastinación, la dispersión o la desmotivación. De hecho, es uno de los requisitos básicos para gobernar el tiempo, ya que no sirve de nada planificar tareas o hábitos si luego los abandonamos por falta de constancia.

La autodisciplina es el combustible que mueve nuestra nave y nos permite cumplir las tareas programadas a tiempo.

Cuanto más autodisciplinados seamos, mejor gestionaremos nuestro tiempo, y al revés.

2. Mejora nuestro descanso y nuestra salud.

¿Cuántos de nosotros dormimos mal? ¿O nos lamentamos del poco tiempo que tenemos para cuidarnos?

Muchas complicaciones de salud vienen por un descanso insuficiente, la falta de ejercicio o la desatención física. Cuando tenemos muchas obligaciones por cumplir: sacrificamos tiempo de descanso, ignoramos recomendaciones médicas, nos llenamos de cafeína, consumimos suplementos alimenticios en lugar de comer correctamente y renunciamos al ejercicio físico.

Aunque todo ello produzca un ahorro de tiempo en primer término, ese tiempo que nos ahorramos al saltarnos el gimnasio lo tendremos que «devolver» con intereses más adelante. Puedo asegurarte que es así. Muchos de mis pacientes lo han experimentarlo en sus propias carnes antes de decidirse a cambiar (normalmente, cuando el cuerpo les da un toque de atención).

Gestionar el tiempo significa destinar las horas necesarias a cada cosa, también al descanso y a la salud. Claro que nuestras responsabilidades nos obligarán a acostarnos de madrugada algún día, y un incidente hará que debamos aplazar nuestra cita con el dentista. La vida es larga y está llena imprevistos. Pero no debemos permitir que la salud esté siempre en las últimas posiciones de nuestra lista de prioridades.

3. Mejora nuestra autoestima.

Mucha gente se muestra escéptica en este punto. Me dicen: «Pero la autoestima tiene que ver con valorarnos a nosotros mismos, no con cumplir con una agenda, ¿no?».

Es cierto. La autoestima no puede depender de memorizar una lista de tareas mientras desayunamos para cumplir con todas y cada una de nuestras responsabilidades. Pero «autoestima» también significa respeto por nosotros mismos. Y el respeto conlleva valorar nuestro tiempo para no regalarlo a quien no lo merece o destinarlo a cosas que nos perjudican. La autoestima pasa por no posponer eternamente la revisión médica o no sacrificar las vacaciones para satisfacer a los demás o a un concepto de éxito distorsionado.

La autoestima es respeto, y el respeto es negarnos a aceptar que el tiempo de otra persona es más importante que el nuestro. Da igual si esa persona es nuestro jefe, nuestro vecino o el director del banco: nuestro tiempo merece tanto respeto como el cualquier otro.

No estoy diciendo que no debas seguir las indicaciones de tu jefe si ese es el acuerdo laboral. Y mucho menos que desatiendas a alguien que te necesita o depende de ti porque de repente te apetece ir de compras. Eso simplemente es una actitud infantil e irresponsable. Lo que estoy diciendo es que defiendas tu tiempo y no permitas que te lo roben.

Cuando empiezas a respetar tu tiempo, harás enfadar a más de uno. Es una buena forma de detectar a parásitos y aprovechados. Tal vez al principio recibas algún «zarpazo» de alguien acostumbrado a robarte tiempo. Pero valdrá la pena: al terminar el año, mirarás atrás y te pensarás: «¿Todo esto he conseguido? ¡No está nada mal!». Este reconocimiento de tus logros fortalecerá tu confianza y contribuirá al desarrollo de tu autoestima.

4. Amplia nuestros horizontes.

Un buen manejo del tiempo también te dará la oportunidad de apuntar más alto: no tendrás que trabajar el doble para ganar más, sino que podrás aspirar a posiciones mejores.

Si te organizas bien, pasarás de ser «un mandado» o «mandada» toda la vida a tener la última palabra.

Si tu horizonte es crecer profesionalmente, tendrás tiempo para prepararte y dar el salto. Si tu horizonte es cumplir una meta deportiva, sabrás cómo enfocar tu entrenamiento para que te cunda al máximo, aunque que dispongas de poco tiempo. Si lo que quieres es construir una relación sólida con tu pareja pero trabajas mucho, la gestión del tiempo te permitirá convertir el poco tiempo en tiempo de calidad.

En definitiva: seguirás teniendo 24 horas al día, pero podrás plantearte objetivos más ambiciosos.

5. Mejora las relaciones personales.

La mayoría de los psicólogos y expertos en bienestar respaldan la importancia de las relaciones afectivas de calidad para alcanzar la felicidad. Coincido plenamente: nuestra familia, pareja, amigos, hijos e incluso mascotas merecen compartir momentos valiosos con nosotros.

Cuando el tiempo es escaso, las relaciones pueden verse afectadas y debilitadas. Para evitar esto, a menudo recurrimos a dedicarles tiempo de baja calidad: reemplazamos momentos de atención plena y exclusiva por conversaciones apresuradas por teléfono mientras realizamos tareas domésticas o revisamos nuestro correo electrónico. O tal vez escuchamos lo que nos cuenta nuestra pareja siempre a última hora, mientras nos lavamos los dientes y ponemos la alarma pensando en qué nos toca hacer al día siguiente.

Gestionar adecuadamente nuestro tiempo implica destinar una parte a **estar de forma presente y consciente** con las personas que queremos. Podemos «estar» de muchas formas, incluso por teléfono, pero es fundamental centrar nuestra atención en la conversación para dotarla de significado. Y con ello no estoy diciendo que cuando charlamos con nuestro hermano tenemos que hablar de física cuántica o psicoanalizarnos mutuamente: lo que digo es que la conversación, por muy informal o breve que sea, debe ser auténtica y estar en sintonía con lo que esa persona nos importa.

Cuando compartimos tiempo con alguien, independientemente del tipo de relación, debemos intentar aportar y recibir algo, por pequeño que sea. Dependiendo del nivel de cercanía, recordaremos preguntar cómo le fue en una entrevista de trabajo, agradecerle algo que ha hecho por nosotros o compartir una anécdota que sepamos que le hará reír. Si la intimidad es mayor, debemos honrar ese vínculo y profundizar en nuestro compromiso.

6. Ayuda a tomar buenas decisiones.

Decidir correctamente no solo depende de la información de que dispongamos. También requiere tiempo para reflexionar y visualizar posibles escenarios y consecuencias antes de dar el paso.

La gestión del tiempo contempla destinar las horas necesarias a tomar cada decisión de manera serena y confiada. Siempre podemos equivocarnos, claro, pero el riesgo es mucho menor, como también la posibilidad de arrepentirnos más adelante. Lo contrario es tomar decisiones bajo presión, llevados por la impulsividad o la improvisación, tres armas (presión, impulsividad y improvisación) que carga el diablo.

Es cierto que la toma de decisiones no se le da igual de bien a todo el mundo, pero es una habilidad que se aprende y se entrena: si para tomar una primera decisión necesitas una semana, para tomar una decisión parecida la segunda vez necesitarás menos tiempo, aunque el contexto sea distinto.

Merece la pena aprender a tomar decisiones, y solo podemos hacerlo si tenemos la valentía no solo para dar el paso, sino también para tomarnos el tiempo necesario previamente a fin de tomar decisiones acertadas.

Resumen del capítulo

¿Por qué es tan importante aprender a gestionar el propio tiempo?

—   Porque nuestra vida está hecha de tiempo, y el tiempo es un recurso abundante pero no infinito. Cuanto antes lo entendamos, antes empezaremos a ser eficientes.

—   La buena gestión del tiempo no solo nos hace más productivos, también contribuye a nuestro crecimiento personal y a nuestra autoestima.

—   La gestión del tiempo fortalece nuestra autodisciplina.

—   La gestión del tiempo beneficia nuestro descanso y nuestra salud física y mental.

—   La gestión del tiempo permite tener objetivos más ambiciosos.

—   La gestión del tiempo nos predispone a entablar y mantener mejores relaciones afectivas.

— La gestión del tiempo nos ayuda a tomar mejores decisiones.

Crea rutinas

«Ocúpate de los minutos, y las horas se ocuparán de sí mismas.»

— Lord Chesterfield

Imagina que eres el chef de un restaurante. Estará de acuerdo conmigo en que, si no tiene una buena planificación para la elaboración de cada plato, cometerás más errores, te llevará más tiempo completar cada comanda y sin duda trabajarás más estresado.

Por suerte los chefs cuentan con lo que se conoce como ficha técnica de cada plato. Estas fichas contienen información detallada sobre el plato que se va a preparar, incluyendo los ingredientes necesarios, las cantidades requeridas, las instrucciones de preparación y el tiempo de cocción, entre otras.

Pues bien, estas fichas técnicas son las rutinas.

La primera regla para gestionar el tiempo de forma eficaz es dividir el día en partes en función de tus obligaciones y crear una rutina para cada parte: la rutina de levantarte, la rutina de desayunar, la rutina de prepararte para salir de casa, la de empezar a trabajar, la de salir del trabajo... Parece infantil, pero es increíble la cantidad de energía que se ahorra con este método.

¿Por qué? Porque las rutinas ayudan a automatizar procesos para los que no necesitas tanta energía o concentración.

Antes de aprender la importancia de las rutinas, me resultaba difícil arrancar el día. Cuando me despertaba, me costaba salir de la cama porque sentía que tenía que tomar demasiadas decisiones seguidas, efímeras y alejadas de mis aspiraciones y objetivos vitales: pensar qué desayunar, elegir la ropa que me iba a ponerme, etc.

Esto me llevaba demasiado tiempo y me carcomía pensar que debería estar utilizando esa energía para cosas más importantes. Ahí está la esencia de las rutinas: son la única manera de ganar tiempo mediante **la automatización de las partes que se repiten en tu día a día**.

Ahora, sin embargo, tengo rutinas específicas para mis mañanas. Lo que significa que cuando me despierto ya empiezo el día sabiendo lo que tengo que hacer. No necesito quedarme en la cama decidiendo por dónde empiezo.

Todo mi día sigue este patrón. Es un esqueleto de rutinas que puedo completar o modificar con nuevos elementos y tareas. Por la tarde, sé la hora justa a la que dejo de trabajar (excepto ocasiones puntuales) y me dedico a hacer ejercicio, ir a comprar, ver a mis amigos o realizar actividades de ocio.

Por supuesto, surgen imprevistos. Y no es lo mismo la rutina de un lunes normal que la de tu primer día de vacaciones. Pero si la mayor parte del día está organizada por rutinas, te será mucho más fácil afrontarlo todo, lo nuevo y lo conocido.

Beneficios de organizar tu día a día en rutinas:

- **Las rutinas te ayudarán a mantener el control de tu tiempo**, y a recuperarlo más rápidamente si en algún momento lo pierdes.

- **Las rutinas te permitirán calibrar los tiempos destinados a cada tarea** de manera más fácil, evitando retrasos y acumulaciones. Cuando ordenes tu vida en rutinas, sabrás cuánto tiempo te lleva cada cosa, y qué momentos de tu día permiten incluir más o menos flujo de trabajo.

- **Las rutinas te conducirán al orden**. Cuanto menos ruido y menos caos tengas a tu alrededor (ya sea físico o mental), más eficiente serás y más bienestar obtendrás en tu vida.

- **Las rutinas te ayudarán a afrontar las emergencias**. Ya sea una enfermedad, una cita inesperada o una tarea que requiera atención inmediata, tener unas rutinas te ayudarán a solventar las sorpresas. De lo contrario, tomarás malas decisiones y un solo suceso desordenará el resto de tu día.

- **Las rutinas reducen el riesgo de perder y olvidar cosas:** objetos, tareas, citas o objetivos a largo plazo, las rutinas te ayudarán a mantenerte enfocado porque no tendrás que revisar tantas cosas mentalmente. Si siempre tienes que estar recordando cosas, el riesgo de cometer fallos se dispara.

- **Las rutinas ayudan a ignorar las distracciones y las tentaciones.** Cuando vamos cansados o agobiados, el impulso de procrastinar es demasiado fuerte como para pararlo. Ante una rutina bien fijada, es fácil poner el piloto automático si estamos cansados en vez de procrastinar porque no tenemos fuerzas o motivación suficientes.

- **Las rutinas funcionan como el ejercicio físico: cada vez serás mejor.** Puesto que son acciones que se repiten, serás capaz de hacerlas cada vez mejor, en menos tiempo y con menos esfuerzo mental.

Consejos para crear rutinas

¿Cómo dividir tu día en rutinas y construir cada una de ellas? Vamos a verlo por pasos:

1. **Estúdiate y toma nota de lo que haces a diario** y de cuánto tiempo te lleva cada actividad: ducharte, desayunar, llegar al trabajo, comer, etc.

2. **Decide si el tiempo que destinas a cada cosa es adecuado**, o si deberías hacerlo en

más o menos tiempo. Descubre por qué no lo haces así y prepárate para corregirlo (esto puede suponerte varios capítulos de ensayo y error).

3. **Divide tu día en franjas** en función de los puntos anteriores. Mi consejo es que lo hagas en 4 partes:

   - Por la mañana antes de empezar a trabajar.

   - La franja de trabajo hasta la hora de comer.

   - La franja de trabajo después de comer.

   - La franja que va desde que terminas la jornada laboral hasta que te acuestas.

4. **Establece rutinas breves** para cada uno de los periodos, cuanto más detalladas, mejor. Facilita las cosas a tu alrededor para automatizar el mayor número de acciones posible, desde los ingredientes para el

desayuno hasta la bolsa del gimnasio pasando por el orden en tus papeles de trabajo.

5. **Crea un límite de tiempo** para cada una de las rutinas. Al principio te agobiará ir tan «pautado», pero luego te saldrá natural y habrás ahorrado un montón de tiempo.

6. **Crea un plan para emergencias e imprevistos**. ¿Dónde van las tareas que no has podido completar hoy? Reserva un par de horas a la semana para imprevistos, acciones puntuales, recordatorios, etc.

7. **Sé generoso con los descansos y realista con los plazos de tiempo**. Aprovechar el tiempo no significa dormir cuatro horas al día, desayunar en el metro y leer los informes en diagonal. Ser realista con el tiempo necesario para cada cosa es muy importante.

8. **Busca formas de reforzar tu motivación** en aquellas tareas que te cuestan más: desde pequeños premios o

recompensas por cada tarea ingrata cumplida hasta ratos libres, incluso en mitad de tu jornada laboral.

9. **Acostúmbrate a madrugar**. La mañana es la rutina más importante del día. Es la que dictará cómo pasarás el resto de la jornada. Si realizas bien tu rutina matutina, estarás en una posición óptima para completar las demás rutinas hasta la noche. Por contra, si empiezas el día saltándote o dilatando las primeras rutinas, irás a contracorriente el resto del día.

Resumen del capítulo

¿Por qué debemos dividir nuestro día en rutinas cortas y seguidas?

—   Las rutinas son una herramienta esencial para ahorrar tiempo y energía porque permiten automatizar procesos que se repiten para no tener que dedicarles tanta atención.

—   Al poner el piloto automático en tareas que no requieran toda nuestra energía, las rutinas reducen el riesgo de distracciones, procrastinación y falta de motivación.

—   Las rutinas ayudan a recuperar el control más rápidamente tras un imprevisto.

—   Las rutinas te ayudarán a mantenerte focalizado en las tareas más importantes, aquellas que requieren toda tu atención y que aportan valor a tus objetivos.

—   Para crear rutinas que funcionen, primero debes estudiar tu día a día para conocer cuáles son tus necesidades y tareas que se repiten. Luego debes conceder un tiempo concreto a la ejecución de cada tarea, y ajustarte a tu plan. Con el tiempo, seguirás tus rutinas de forma natural.

Actúa ya

«Puedes retrasarte, pero el tiempo no lo hará.»
— Benjamin Franklin

Vamos a hacer un juego.

Imagínate que cada mañana, cuando despiertes, yo te haya ingresado en tu cuenta bancaria 1.440 € para que los gastes como te parezca. No me tienes que dar explicaciones ni hacer nada que no quieras. La única condición es que, al finalizar el día, lo que no hayas gastado ese día, se eliminará de tu cuenta.

¿Qué te parece el regalo? ¿Tienes ganas de empezar a aprovechar todo ese dinero gratis?

Bien, en realidad no tienes 1.440 € nuevos cada día en tu cuenta, pero sí tienes 1.440 minutos diarios a estrenar cuando abres los ojos cada mañana.

¿Los vas a aprovechar o los vas a dejar pasar?

La voz interior que me invita a posponer las cosas

Sí, queremos aprovechar el tiempo al máximo, pero es difícil si hasta nuestro propio cerebro opone resistencia.

Los humanos tendemos a la inactividad. De forma instintiva, si podemos elegir entre inacción y movimiento, elegimos lo primero. No es que seamos perezosos, vagos o miedosos (o tal vez, sí): es nuestro cerebro reptiliano, el que aún funciona como el de nuestros antepasados más remotos, el que actúa movido por el instinto de supervivencia.

Nuestro cerebro nos dice algo así como: «¿Es realmente necesario que hagas eso? Hasta ahora te ha ido bien así, ¿para qué cambiar?».

¡Así es! La mente humana está diseñada para buscar la gratificación instantánea con el mínimo esfuerzo como modo de preservar la propia vida. En su afán por permanecer en sus zonas de confort, nuestro cerebro nos invitará a omitir obligaciones o a dedicarles tiempo del «malo» (ya sabes, tiempo a medio gas, sin plena atención, etc.).

Eso significa que, sin filtrar, la mente humana siempre se decantará por la opción más fácil y agradable. Por eso prefiere jugar que trabajar. Por eso prefiere las tareas con un fin cercano y palpable antes que las tareas de largo recorrido. Todo eso aporta gratificación y seguridad instantáneas.

Sin embargo, sabemos que a la larga nos perjudica. Entonces, ¿por qué procrastinamos?

Se han realizado muchos estudios para determinar las causas de la procrastinación. En líneas generales, podemos concluir que procrastinamos cuando la tarea no garantiza satisfacción o seguridad a corto plazo. Esto puede deberse a que es compleja, no se entiende o requiere mucha energía. La mente registra esa actividad como poco atractiva y busca alternativas y excusas disfrazadas de tareas más útiles o urgentes (a veces, ni eso).

En otros casos, es el resultado de la tarea «bien hecha» lo que nos da miedo: entonces procrastinamos precisamente por miedo al éxito. Lo veremos más adelante.

Consecuencias de vivir en modo procrastinación

No hay que ser muy observador para ver que la procrastinación es algo que no nos podemos permitir: hay demasiado en juego. Sin embargo, nos da la sensación de que perder toda la tarde de domingo en el sofá no es tan grave. Y no lo es, siempre que lo hayamos decidido de antemano.

Relajarse no es lo mismo que procrastinar: procrastinar es hacer una cosa sabiendo que hay que hacer otra. Es ignorar las responsabilidades. Y eso, tarde o temprano, nos pasa factura:

- **Cuando procrastinas, estás creando problemas que no existían** y que luego te será más difícil solucionar. Al posponer una tarea poco atractiva, sentimos satisfacción momentánea, pero esa tarea sigue ahí. No desaparece, no nos deja descansar, no podemos librarnos de ella porque la única forma de librarnos es haciéndola.

«Aún hay tiempo», nos decimos. Hasta que el tiempo se acaba y empieza el vértigo: hay que pedir una prórroga, hay que inventar excusas, hay que hacer la tarea rápido y mal, y pedir perdón por ello. Hay que posponer otras cosas para abordar esa tarea en el último minuto.

Procrastinar es crear una peligrosa bola de nieve que va creciendo y aumentando su velocidad a medida que rueda montaña abajo.

- **Cuando procrastinas, estás bloquean-do la siguiente pantalla**. El hecho de tener esa tarea aún en el horizonte no te permite pensar más allá, por lo que pierdes la capacidad de centrarte en los objetivos que vienen a continuación y en los que tienes a largo plazo.

- **Cuando procrastinas, te conviertes en alguien que no es de fiar**. Si te habías propuesto algo, si estabas comprometido con una tarea, el hecho de no hacerla o ignorarla demuestra que no siempre estás para lo que debes estar. Y eso es algo que te perjudicará mucho tanto en el ámbito laboral como en el personal.

- **Cuando procrastinas, te vuelves mediocre**. En el momento en que retrasas algo, la pereza tiene una magnífica oportunidad de prosperar, afectando no solo a esa tarea sino a todas las demás. Eso te convierte en una persona mediocre. En alguien que se conforma con lo mínimo, que renuncia a buscar la excelencia, a sentir pasión por su trabajo o su vida. Las mejores carreras y las vidas más felices nunca son mediocres.

– **Cuando procrastinas, estás tratando de ocultarte a ti mismo tus miedos**. Esos miedos, como la bola de nieve, se harán más grandes cuanto más tardes en hacerles frente. Si por norma general entregas tarde tus informes, te conviertes en un trabajador poco eficiente. ¿Te has preguntado por qué lo haces? Tal vez en el fondo lo que deseas es asegurarte de que nadie piense en ti cuando surja una oportunidad laboral: tienes miedo a ser mejor.

¿Te suena el síndrome del impostor?

Básicamente, consiste en sabotearnos a nosotros mismos por miedo a aceptar la responsabilidad de todo nuestro potencial.

Cuando procrastinas no solo vives por debajo de tu potencial: también te llenas de indiferencia, de conformismo y, con el tiempo, de negatividad y resentimiento.

Cómo reducir la procrastinación

¡De acuerdo! ¡No volveré a procrastinar! Pero, ¿cómo se hace eso? ¿Hay una fórmula mágica?

No la hay, pero está comprobado que la procrastinación desaparece cuando se da:

- Una gran fuerza de voluntad que respalda la intención de completar una tarea.
- Un motivo claro y poderoso para hacer algo, o unas consecuencias muy negativas si no se hace.
- Un método o rutina claro y sencillo para abordar la tarea, o una buena preparación.
- Más del 70% de probabilidades de éxito.

- Una recompensa clara, en forma de premio o de satisfacción personal, ante la importancia de realizar esa tarea.

- Una buena situación física y mental.

- Un ambiente que fomente ese comportamiento y no el contrario (el comportamiento es «contagioso»).

Todo eso explica, por ejemplo, que sea más atractiva una dura meta deportiva que planchar la ropa: ni la motivación ni la satisfacción de una meta y otra se pueden comparar.

Cómo afrontar la procrastinación

Antes de aprenderte estrategias para vencer la procrastinación, debes examinar tu forma de actuar y detectar tus malos hábitos, descubrir por qué los tienes y cómo podrías eliminarlos. Por ejemplo: el hábito de holgazanear en la cama un buen rato antes de levantarte.

1. Descubre qué estás tratando de evitar.

¿Qué hace que no quieras levantarte de la cama cuando suena el despertador? ¿Qué hay ahí fuera que sea tan amenazante o tan poco atractivo? ¿Qué es lo que convierte tus buenas intenciones en charlatanería?

La mayoría de nosotros procrastinamos porque inconscientemente tememos la tarea que tenemos pendiente.

2. Cambia la forma de ver esa tarea.

Una vez entiendes por qué sientes miedo o rechazo a esa tarea (a veces no hay un motivo único sino varios), debes hacer un ejercicio de empatía contigo mismo (sí, empatizar con el hecho de holgazanear en la cama), y aceptar que esa forma de procrastinar era un intento de defenderte de algo. Era un (mal) mecanismo de defensa.

Luego, hay que contrarrestar esa lógica que ya no queremos mantener con argumentos de peso y en los que realmente creemos. El cerebro debe ver las ventajas innegables del cambio.

Por ejemplo: si has decidido dejar de remolonear, debes pensar qué puedes ofrecerle a tu cerebro para que vea atractivo levantarte nada más oír la alarma. Y ojo: tu oferta debe ser potente. Si te has propuesto levantarte antes porque así tendrás «más tiempo para desayunar», dudo que tu nuevo hábito funcione. ¿Por qué? Porque no tiene suficiente fuerza. Tu cerebro te dirás: «¿Si hasta ahora hemos sobrevivido desayunando así, por qué cambiar? Mejor quedarnos en la cama ese rato».

No, tu nuevo argumento debe ser mucho más fuerte que eso. Si es necesario, debe conllevar consecuencias. Por ejemplo, si has decidido que por cada minuto que holgazanees en la cama vas a regalar 10 € a un desconocido, verás cómo cambia la cosa.

3. Divide esa tarea en mini tareas mucho más pequeñas y asequibles.

Si te has propuesto escribir tu primera novela, no la concibas como una única tarea titánica, sino como un puzzle que se completa pieza a pieza. Céntrate entonces en cada pieza, en cada pequeño logro, y cada día te será más fácil avanzar.

4. Da el paso de no retorno.

Lo que yo llamo el paso de no retorno suele ser el primero en una tarea, aunque a veces se da más adelante. En cualquier caso, es el paso que ya no te permite abandonar. Una vez dado ese paso, te produce más dolor abandonar que continuar. Por ejemplo, y siguiendo con el ejemplo de la novela, el paso de no retorno es firmar el contrato con el editor, o anunciar el lanzamiento en redes, o tal vez inscribir el título de tu novela en alguna convocatoria o reto.

5. Cambia los hábitos que fomentan la procrastinación.

Igual que te propongo convertir los minutos perdidos en euros, debes encontrar estrategias para cada hábito nocivo que quieras eliminar.

A veces funciona introducir un hábito de sustitución, es decir, otra actividad que ocupe el tiempo que ocupaba el mal hábito. Otras, introducir «métodos extremos», como dejar la alarma fuera de la habitación para obligarte a salir de la cama, obligarte a acostarte antes y permanecer en la cama, te duermas o no, etc.

6. Visualiza a menudo tus objetivos.

Otra cosa que recomiendo es que tengas muy presentes los sueños y metas que quieres alcanzar. Si has decidido cambiar de trabajo, pero para ello debes formarte, eso puede convertirse en un buen motivo para levantarte antes y aprovechar ese ratito para leer. Recuérdatelo cuando te suene la alarma y quieras apagarla de un manotazo.

7. No temas a las tareas difíciles.

Una de las excusas para procrastinar es que la tarea es demasiado exigente y requiere de una energía que ahora mismo no tienes. Sin embargo, ese tipo de tareas suelen ser las más rentables y beneficiosas a largo plazo.

Para combatir el miedo a la tarea, hay que afrontarla con coraje y sentido común: ¿acaso posponerla la volverá más sencilla? ¿O vendrá alguien a hacerla por ti? En lugar de pasar por el estrés de procrastinar mientras piensas en ello cada vez, aborda la tarea y siente el placer de tacharla de tu lista de pendientes.

8. Da prioridad a tu agenda planificada frente a los imprevistos.

Las circunstancias sorpresa están destinadas a ocurrir, y cuando ocurren, lo más probable es que afecten al horario planificado. Mientras intentas decidir si realizar la tarea planeada o hacer frente a la situación inesperada, la procrastinación puede abrirse paso y retrasar las dos. Decídete por una y no mires atrás: si la situación justifica que te ocupes de las circunstancias inesperadas antes, hazlo. De lo contrario, da prioridad a lo programado. ¡Pero no te detengas!

9. Comprométete con un compañero anti-procrastinación.

Un compañero de responsabilidad puede ser muy útil. Si has decidido escribir 500 palabras de tu novela cada día, busca a alguien a quien no quieras decepcionar, y llámale cada día que falles para confesárselo.

Resumen del capítulo

– Cada nuevo día tenemos disponibles 1.440 minutos para gastar como nos parezca.

– Si no los usamos con inteligencia, la procrastinación, que es el mayor ladrón del tiempo, se comerá tu vida.

– La procrastinación es una dinámica tóxica que tiende a avanzar si no le paramos los pies. Es un mal hábito y, como todos, es adictivo y difícil de eliminar porque da falsa sensación de libertad temporal.

– La procrastinación suele encerrar el miedo al fracaso, aunque a veces se trata de miedo al éxito. En ambos casos, no merece la pena.

– Para pararle los pies, debes seguir al pie de la letra tus rutinas, eliminar al máximo la posibilidad de distracciones y abandonos, tener presente las consecuencias de dilatarte en el tiempo y recordar en qué tipo de persona te conviertes cuando procrastinas.

—   Existen muchas estrategias para frenar la procrastinación: desde el paso de no retorno hasta el compromiso con otras personas. Todo sirve si evita que busques excusas para posponer o abandonar algo.

Planifica con antelación

«Aquel que cada mañana planifica las transacciones de ese día y sigue ese plan, lleva un hilo que lo guiará por el laberinto de la vida más ajetreada.»

— Victor Hugo

La planificación es la única forma de mantener el día bajo control. Planificar significa preparar el día, la semana o el año con intención y en base a unos objetivos claros: ¡tus objetivos!

¿Por qué es tan importante planificar? Bueno, hay una primera razón fundamental: si nosotros no planificamos nuestro día según nuestros intereses, acabaremos dedicando el día a los intereses de otra gente. Y eso no lo digo solo yo: Jim Rohn, el famoso empresario y orador motivacional estadounidense, ya lo advertía: «Si tú no diseñas tu propio plan de vida, acabarás cayendo en el plan de vida de otra persona. ¿Y sabes qué tiene planeado para ti esa persona? No mucho».

Sabemos que no todo lo que planifiquemos saldrá exactamente como lo habíamos imaginado. No todos nuestros objetivos se van a cumplir por el simple hecho de fijarlos por adelantado (no somos dioses ni podemos adivinar el futuro) pero sí reduciremos el margen de incertidumbre, así como la improvisación.

Si planificar tiene tantas ventajas, ¿por qué la gente no lo hace? ¿O lo hace... a medias?

Creo que el principal obstáculo es que se necesita tiempo de calidad y recursos (información, previsión de resultados, experiencia, etc.), para planificar correctamente. Ese tiempo a veces se ve como innecesario o incluso como una debilidad («¿en serio tienes que planificar con tanto detalle? ¿Es que no tienes memoria?»). Sin embargo, todo el esfuerzo que se dedica a ello merece la pena. En palabras del pionero Dale Carnegie [2] : «una hora de planificación puede ahorrarte diez horas de tarea».

Cómo una buena planificación nos ahorra tiempo y energía

Todos hemos vivido en algún momento en modo piloto automático o en modo caótico: tomando las mínimas decisiones, dejándonos llevar y sin levantar la mirada hacia el horizonte, a la espera de «tiempos mejores». Es válido –yo diría que inevitable– en momentos de crisis puntuales, pero no de forma permanente: el resultado de esto a largo plazo es una vida mecánica, sin intención y donde la balanza entre el esfuerzo y el beneficio está totalmente desequilibrada.

---

[2] Dale Carnegie fue un empresario y escritor estadounidense, autor de varios libros y teorías sobre relaciones humanas. Fue promotor de lo que hoy se conoce como *asunción de responsabilidades*.

Como terapeuta y coach, parte de mi trabajo consiste en abrir los ojos a la gente para que entiendan que están viviendo por debajo de su potencial. Están perdiendo el tiempo y las oportunidades porque no se han detenido a examinar el cuadro de mandos antes de ponerse a manejar la maquinaria.

Muchos de mis pacientes se quejan cuando les pido que planifiquen: dicen que su día a día ya está pautado, y consiste en trabajar, atender la casa y a los niños, hacer deporte cuando pueden y poco más. No hay mucho que planificar porque ya está todo fijado de antemano. Y en parte llevan razón. Pero también es cierto que, si examinamos con lupa nuestras horas como si fueran cañerías de un edificio, encontraríamos más de una grieta por donde el agua se escapa. Y, siguiendo con esta metáfora, también descubriríamos algunas cañerías taponadas y otras que no llevan a ninguna parte. Incluso descubriríamos que algún listo ha manipulado una de nuestras cañerías para quedarse nuestra agua.

Beneficios de una buena planificación

– **La planificación como herramienta para crear prioridades.**

Planificar también es decidir qué es urgente, qué es importante, qué es una prioridad absoluta y qué es una emergencia. Si analizas tu día a día, te darás cuenta de que tus tareas no siguen una lógica en cuanto a importancia: muchas son de baja prioridad, pero por algún motivo (son más fáciles de hacer, son cómodas, todo el mundo lo hace así, etc.), pasan por delante de las importantes.

En el próximo capítulo (Regla número 4), hablaremos de ello.

– **La planificación como detector de «irregularidades».**

Cuando nuestro día a día está tan lleno que no cabe ni un alfiler, debemos empezar a revisar y a sacrificar actividades. Y no, esas actividades no deben ser horas de descanso ni de ocio (a menos que sean demasiadas), sino actividades que no nos aportan nada. Actividades que hacemos por costumbre, porque es lo que se espera de nosotros o porque «somos los únicos que sabemos hacerlo». Hay tareas que hemos asumido nosotros pero que, siendo justos, debería asumir otra persona.

Puede resultar incómodo o violento, pero hay que empezar a delegar y a reclamar un reparto de trabajo más equitativo si estamos cargando con más tareas de la cuenta (y hay otras personas beneficiándose del resultado). Todo eso suele pasar desapercibido si no planificamos.

- **La planificación como eliminador de distracciones.**

Ya lo hemos comentado cuando hablábamos de la procrastinación: la falta de planificación facilita las «fugas de agua». En cambio, cuando tienes un horario bien diseñado, te es más difícil perderte porque solo tienes que mirar la agenda para saber si estás haciendo lo que toca. La planificación hace más probable que evites la pérdida de tiempo o, aún peor, las actividades que sabotean tus intereses.

Hace algunos años, solía comer con un amigo mío, llamado Paul, todos los viernes. Paul y yo somos apasionados del cine, especialmente de las series, de modo que cada viernes alargábamos la comida para comentar la serie, o series, que llevábamos entre manos o la última película que habíamos visto en el cine. Éramos conscientes de que nos pasábamos de la hora, pero al fin y al cabo, ¡era viernes!

Solo cuando empecé a hacer horarios me di cuenta de que esas comidas fácilmente ocupaban ¡más de dos horas!

Cuando se lo comenté a Paul, también se sorprendió. Decidimos entonces reducir el rato de charla y traspasarlo a un sábado al mes.

Algo parecido sucede con las redes sociales: opino que son herramientas maravillosas para mantenernos conectados con los nuestros, para aprender sobre temas que nos interesan, para reír, relajarnos, estar al día, etc. Sin embargo, solo cuando hacemos la suma de los minutos diarios que pasamos con estas aplicaciones nos damos cuenta del tamaño del iceberg.

Estoy seguro de que tú también tienes distracciones que se repiten con frecuencia, pero no te has dado cuenta. Como parte de la elaboración de tus planes, te aconsejo que las localices y te anticipes a ellas.

- **La planificación contra visiones poco realistas de nuestras aspiraciones.**

Planificar es un acto de autodescubrimiento. Mientras diseñas tu plan y reflexionas sobre lo que necesitas para lograrlo, descubres qué aspiraciones son realistas y cuáles son fantasía. Qué plazos de tiempo son imposibles y qué plazos son razonables. Incluso puede que descubras que tal vez ese objetivo no es el que deseas realmente.

Sun Tzu[3] defendía que puedes saber si ganarás o perderás la guerra antes de iniciarla: basta con analizar tus fuerzas y las de tu enemigo, y sacar conclusiones. De modo parecido, tu planificación te señala las posibilidades de éxito antes de iniciar la batalla, ahorrándote una enorme cantidad de tiempo y energía.

- **La planificación como termómetro de tus logros.**

---

[3] General y filósofo de la antigua China Imperial, anterior a J.C. y famoso por su ensayo *El arte de la guerra*.

La única manera de saber si te estás acercando a tus objetivos es tener una planificación de cuáles son y cuándo deben cumplirse. Solo cuando tienes un plan empiezas a saber si estás alcanzando o alejándote de tus metas. Sin él, es fácil perderse en el camino y olvidar el destino.

Con el día planificado de antemano, cada noche te darás cuenta de si vas completando las tareas previstas o si tienes que hacer ajustes en tus rutinas. Si no planificas, repetirás y arrastrarás errores durante largo tiempo.

- **La planificación contra el desánimo, el auto sabotaje y el miedo.**

La planificación de tu tiempo no solo te ayuda con las expectativas no realistas: también te da seguridad frente a las tormentas anímicas. Ante una fase de cansancio o de ausencia de buenos resultados, puede aparecer la tentación de abandonar: cuanto más sólido sea tu plan, más difícil será tirarlo todo por la borda.

Además, la planificación hace que las tareas parezcan más fáciles y asequibles, porque obliga a realizar un trabajo previo de visualización. Con la planificación llega una sensación de control que es ya una ventaja en sí misma.

– La planificación versus la «libertad».

Algunas personas critican los planes porque creen que una vida excesivamente planificada es poco excitante y ahoga la espontaneidad. Muchos de mis pacientes lo comentan al principio de su proceso: «¡Voy a parecer un robot con tanta planificación y tanto *timing*! ¡Yo quiero sentirme libre!».

Sin embargo, solo un buen plan permite ser libre, porque es lo único capaz de hacernos optimizar el tiempo, el dinero, la capacidad de trabajo y nuestra relación con el entorno. Con ello, dispondremos de más recursos para tomar más decisiones, y de más tiempo libre para nosotros. Eso significa que la planificación nos da libertad, mientras que su ausencia nos da la falsa sensación de libertad que se acabará convirtiendo en un vagar sin rumbo.

Cómo crear un buen horario

Un horario es un plan que abarca toda una jornada. Contiene la lista específica de tareas y obligaciones en las que vamos a involucrarnos a lo largo del día, y la hora en la que debe ocurrir cada una.

Puedes crear tu horario sobre papel, en agendas o similares, en aplicaciones móviles o en tu ordenador de trabajo. Solo es necesario que sea práctico y tenga sentido para ti.

Así es como yo recomiendo hacerlo:

1. Usa una buena agenda.

Mi recomendación para crear un buen horario, es decir, el núcleo de tu planificación (por horas), es usar una agenda en papel [4] puesto que está demostrado que escribir a mano activa diferentes áreas del cerebro que nos permiten procesar y retener la información de manera más efectiva que al escribir en un teclado.

Al escribir nuestro horario en una agenda física, estamos fijando mejor la información en nuestra memoria y nos ayuda a recordar mejor nuestras tareas.

2. Incluye todos los tipos tareas.

A la hora de elaborar tu *to-do list* diaria o semanal, debes tener en cuenta los diferentes tipos de tareas (urgentes, importantes, de corta y larga duración, sin fecha, ...) y anotarlas en tu agenda como si se tratara de una partida de ajedrez o de un plano del campo de batalla.

---

[4] Te recomiendo que no compres la agenda más barata o de peor calidad porque acabarás abandonándola: se te romperá, dejará de ser útil, etc.

También debes reservar espacio semanal para atender imprevistos y distribuir las tareas que suceden solo una vez al mes o una vez al año: llevar el coche al taller, ir al dentista, pagar los impuestos, preparar la presentación del informe de resultados, etc. No puede ser que, por el hecho de ocurrir solo una vez, siempre te acabe pillando por sorpresa.

3. Agrupa las tareas breves.

Siempre que te sea posible, reúne en bloques de una hora las tareas que requieran apenas unos minutos: realizar una llamada, poner una lavadora, regar las plantas, escribir emails poco o nada importantes... Así evitarás perder mucho tiempo interrumpiendo tareas largas de mayor duración para atender a estas.

4. Genera y reserva tiempo libre.

El tiempo libre es necesario, simplemente. Es una liberación para el cerebro y una forma de fortalecer relaciones y aprendizajes, además de descansar y disfrutar de la vida.

El tiempo libre no solo debe existir los fines de semana, en vacaciones o en los últimos minutos antes de irte a dormir: a lo largo del día deben reservar ratitos donde te permitas no hacer nada. ¿Eso no es perder el tiempo? No, si esos minutos están flanqueados por ratos de plena concentración.

Así que separa tus tareas diarias por espacios breves donde te permitas escuchar una canción, distraerte cinco minutos en las redes sociales, leer una receta de cocina que te gustaría probar, o simplemente, estar con los ojos cerrados.

El tiempo libre y de descanso es tan importante que en mi método le dedicaremos un capítulo completo (Regla número 7).

5. Cumple tu horario.

Es obvio que si hacemos un horario es para cumplirlo. Es de esperar que se produzcan imprevistos, pero ya hemos dicho que cuanto más detallado sea nuestro camino, más fácil nos será retomarlo tras una desviación. No deben darnos pánico los cambios de última hora, pero no debemos acostumbrar a nuestro cerebro a ellos, menos aún cuando quedan tareas sin hacer porque no hemos previsto dónde recolocarlas. Tienes que conseguir que te sea incómodo saltarte algo de tu plan, y no al contrario.

Importante: tu agenda, está para que la consultes con frecuencia y varias veces al día. No debe pasar cerrada de domingo a domingo. No trates de tirar de tu memoria continuamente y utiliza tu agenda para liberarla y aumentar así tu productividad.

6. Recompénsate al final del día.

Cuando cumplas tus horarios durante toda la jornada, mímate. Un rato extra de televisión por la noche, un capricho, cualquier detalle que sirva como gratificación ayuda a tu mente a conectar un sentimiento positivo con tu planificación.

7. No te castigues si fallas.

¿El domingo planificaste tus días con toda la ilusión del mundo y el martes las cosas se complicaron y tu planificación se desbarató por completo? Bueno, esas cosas pasan. Sé amable contigo cuando falles. Si fue algo puntual, retómalo desde donde puedas e intenta cumplir con la parte restante de la rutina. Recuerda que no puedes controlar el universo, y que el perfeccionismo es más un problema que una solución.

8. Hazlo visible: coloca recordatorios, alarmas y post-it.

Todo vale para mantenerte organizado, igual que todo vale para descargar tu memoria de cosas que pueden ser recordadas por un agenda o calendario digital. Tu cerebro debe centrarse en rendir al máximo en los campos que tú decidas, no en mantener presente la cita con el médico, con el director de departamento, con el psicólogo y con la *masterclass* de esta semana.

Una vez has planificado todo eso, apúntalo en tu agenda y olvídate hasta el momento oportuno. ¡Sentirás una gran liberación!

Resumen del capítulo

Para gestionar bien el tiempo debemos saber planificar, es decir, programar las tareas con antelación de manera que lleguemos a todas sin acabar agotados.

Planificar, además, nos permitirá:

— Crear prioridades: puesto que el día solo tiene 24 horas, hay que saber blindar las tareas más esenciales y renunciar a las de menos valor.

— Detectar «irregularidades»: tareas obsoletas que seguimos realizando, tareas que hacemos pero debería hacer otra persona, etc.

— Eliminar distracciones.

— Descubrir visiones y objetivos poco realistas.

— Evitar el desánimo cuando no lleguen los resultados como esperábamos: si confiamos en nuestra planificación, será más fácil insistir.

— Saber si nos estamos acercando o alejando de la meta.

— Por último, recuerda que debes de planificar, preferiblemente, sobre una agenda física y por escrito. La planificación «de memoria» está completamente desaconsejada: una buena agenda (junto aplicaciones y *planners* digitales) debe ser tu mejor arma.

Prioriza tus tareas y objetivos

«Tengo dos tipos de problemas, los urgentes
y los importantes. Los urgentes no son importantes,
y los importantes nunca son urgentes.»
— Dwight D. Eisenhower

Ya lo mencionaba en el capítulo anterior: ¿Por qué es importante saber priorizar?

Antiguamente, cuando la mayoría de gente vivía según los ciclos de la naturaleza, no hacía falta planear las tareas ni decidir qué era más importante: todo estaba ordenado de antemano por el simple hecho de que debía coincidir con los tempos de la tierra: la época de siembra, la época de cosecha, la época de cría de animales, la época de matanza... Desde que salía el sol hasta que se ponía, había muy poco margen para la novedad o la iniciativa personal, por lo que una agenda tenía poca utilidad.

La libertad y disparidad de estilos de vida de hoy día, en cambio, sí piden que prioricemos si queremos hacer algo que merezca la pena. De la misma manera que una empresa que necesita incorporar a un nuevo trabajador no podrá elegir a todos los candidatos, tú no podrás realizar todo lo que te gustaría. Deberás ser selectivo. Hay cosas que tendrán que esperar, y otras que no llegarán nunca.

A mí me encantaría dar la vuelta al mundo en velero, pero, puesto en contexto, es un deseo que he descartado. También quiero aprender a hablar otro idioma, pero por ahora es algo que no necesito, por lo que no está en mi lista de prioridades.

No conozco a nadie en este mundo con el tiempo suficiente para realizar todas las cosas que querría hacer. Debemos elegir, descartar y priorizar.

Preguntas que hay que hacerse a la hora de priorizar

Priorizar es un ejercicio que debemos hacer con conciencia e intención. Los criterios son personales, y no sirven los mismos a todo el mundo.

Para saber qué tareas debes poner en primer lugar, antes debes tener una escala de preferencias, una idea de qué objetivos son más importantes para ti, y a qué resultados a corto y largo plazo te lleva cada tarea.

Si no tienes claro cómo hacerlo, te propongo que, al organizar tu lista de tareas de la semana, te detengas en cada una y respondas mentalmente:

1. ¿En qué consiste exactamente esa tarea?

No apuntes en tu agenda «reunión» si resulta que antes debes imprimir 20 informes, compararlos con los del año pasado y ensayar tu presentación. Si es así, esa «reunión» en realidad son tres tareas distintas.

2. ¿Para qué haces esa tarea?

Una tarea solo debe realizarse para obtener resultados. Incluso si se hace por alguien de forma desinteresada, debe haber una previsión de resultados. Con esto no estoy defendiendo el egoísmo o el aprovechamiento de otras personas: ¡claro que hacemos cosas desinteresadamente y por amor! Lo que digo es que no realicemos tareas «por hacer», que no nos llevan a ninguna parte.

Por último: algunas veces solo podremos aceptar un resultado válido tras nuestra acción, en otras puede ser variable. En ese caso, ¿cuál es el mínimo aceptable para ti?

3. ¿Cuánto tiempo te llevará terminarla?

Si la tarea es nueva, tal vez no sepas exactamente el tiempo que te llevará. Pero debes hacer un cálculo aproximado. Si crees que tendrás que hacerla más veces en el futuro, no está de más que apuntes cuánto tiempo has tardado esta vez en completarla.

4. ¿Es oportuno realizar esa tarea en ese momento?

¿Hay algo que requiera nuestra atención de forma más inmediata? Si hay varias obligaciones «peleándose» por ser ejecutadas, somételas a comparación y toma una decisión. Puedes equivocarte, pero siempre será mejor que ir posponiéndolas porque no tienes claro qué abordar primero.

5. ¿Qué tan importante es esa tarea para tus objetivos vitales?

Las obligaciones del día a día no deberían ahogar los objetivos de largo recorrido. Claro que habrá días enteros dedicados por completo a las tareas urgentes y obligatorias, pero si nuestro objetivo a largo plazo es prepararnos para emprender en solitario o convertirnos en escritor, deberemos sacar tiempo para ello.

El método Eisenhower[5]

También conocido como cuadro o caja Eisenhower, este método es un marco de trabajo para ordenar tareas en función de su urgencia o importancia en relación a nuestros objetivos y a otras tareas con las que estas deben «convivir».

---

[5] Su nombre deriva del militar Dwight D. Eisenhower, general del ejército y presidente número 34 de los Estados Unidos.

Su autor lo ideó en los años 50 del siglo pasado, pero ha sido recientemente divulgado en el bestseller de Stephen Covey Los 7 hábitos de la gente altamente efectiva.

Básicamente, todas nuestras obligaciones, quehaceres y responsabilidades son de dos tipos: urgentes o importantes (y la combinación de ambas).

Tareas urgentes y tareas importantes:

• Las **tareas urgentes** son las que requieren nuestra atención, pero no necesariamente añaden valor ni nos acercan a nuestros objetivos. Además, a menudo su urgencia es subjetiva, por lo que no constituye una urgencia real. ¿Qué diferencia hay?

Las **urgencias reales** son aquellas en las que si no se lleva a cabo la acción en una determinada fecha, las consecuencias son demasiado costosas como para plantearse posponer esa tarea.

Por contra, las **urgencias subjetivas** son las que se ven como urgentes hasta que no aparece una urgencia mayor, o las que son urgentes para los objetivos de otras personas, pero no para los nuestros. Ninguna tarea de este tipo debe pasar por delante de una urgencia real.

• Las **tareas importantes** son las que aportan valor directo a nuestros objetivos. Este valor puede ser económico, de seguridad, familiar, de compromiso, de crecimiento... A menudo son acciones de largo recorrido y no son tan concretas como las urgentes («llevar el coche al taller» es mucho más claro y directo que «crecer profesionalmente»), por lo que muchas tareas importantes tienden a posponerse porque las urgentes pasan por delante. No debemos cometer el error de darles menos tiempo del que merecen.

La matriz Eisenhower

La combinación entre ellas da lugar a la matriz o tabla de Eisenhower. Para usarla, debemos ser capaces de colocar todas nuestras tareas en uno de los cuatro cuadrantes:

1. Tareas importantes y urgentes.

2. Tareas importantes pero no urgentes.

3. Tareas no importantes pero sí urgentes.

4. Tareas ni importantes ni urgentes.

	Urgente	**No urgente**
IMPORTANTE		
NO IMPORTANTE		

Matriz de Eisenhower

1. Tareas importantes y urgentes:

Estas tareas deben realizarse de inmediato debido a su urgencia y relevancia. Son situaciones críticas que pueden tener un impacto significativo en tu vida o en tu trabajo si no se abordan de inmediato. Estas tareas se engloban bajo la etiqueta HACER, y siempre son las primeras de la lista.

Ejemplo: atender una urgencia médica familiar.

2. Tareas importantes pero no urgentes:

Estas tareas son cruciales para tu éxito a largo plazo, pero no requieren atención inmediata. El enfoque en este cuadrante es proactivo y contribuye a tu desarrollo personal, profesional y al logro de tus objetivos. Estas tareas se engloban bajo la etiqueta DECIDIR, porque queda pendiente que se decida cómo y cuándo será su turno.

Ejemplo: Hacer ejercicio regularmente para mantener una vida saludable.

3. Tareas no importantes pero sí urgentes:

Deben hacerse ya y habrá consecuencias negativas si no se completan en un plazo determinado, pero al no ser importantes (no añaden valor a tus objetivos), se pueden buscar alternativas para cumplirlas, aunque no necesariamente por ti. Estas tareas se engloban bajo la etiqueta DELEGAR, porque es más útil y rentable pagar a alguien para que las haga por ti.

Ejemplo: Responder a correos electrónicos no esenciales que requieren una respuesta rápida.

4. Tareas ni importantes ni urgentes:

Estas tareas solo están aquí para ser detectadas y eliminadas, dejando espacio para otras. Estas tareas se engloban bajo la etiqueta ELIMINAR.

Ejemplo: Navegar por las redes sociales sin un propósito específico.

Factores a tener en cuenta al valorar nuestras tareas:

Por último, algunos factores indirectos pueden darnos la clave a la hora de priorizar o no una tarea:

- El impacto económico, tanto positivo (lo que vamos a ganar o a ahorrar) como negativo (lo que nos va a costar abordar o no abordar esa tarea).

- La inversión de tiempo.

- El riesgo que conlleva esa tarea en términos de posibilidades de éxito o fracaso.

- Factores relacionados con la salud, factores sociales, medioambientales, etc.

Resumen del capítulo

Puesto que nuestros días solo tienen 24 horas, debemos aprender a priorizar.

– A menudo, no tenemos claro qué tareas son prioritarias: ¿las urgentes? ¿las importantes? Para decidirlo, podemos valernos de métodos como la matriz Eisenhower.

– Según este método, hay 4 tipo de tareas, y este es el orden correcto de ejecución:

1. Tareas importantes y urgentes.

2. Tareas importantes pero no urgentes.

3. Tareas no importantes pero sí urgentes.

4. Tareas ni importantes ni urgentes.

– De estas, las primeras deben HACERSE ya, las segundas deben PROGRAMARSE en base a una fecha, las terceras deben DELEGARSE, si es posible, y las últimas deben ELIMINARSE.

— Factores como el impacto económico (positivo y negativo), las consecuencias o los riesgos para el resto de nuestros objetivos o para nuestro bienestar pueden ser cruciales a la hora de catalogar una tarea.

Evita la multitarea

«La forma más rápida de hacer muchas cosas

es hacer solo una cosa a la vez.»

— Mozart

Solo tenemos dos manos y un cerebro. ¡Y no siempre están al 100%! Así que, si bien podemos caminar y mascar chicle al mismo tiempo, cuando complicamos las tareas, la maquinaria empieza a sufrir. ¿Por qué? Porque la multitarea no está hecha para los humanos sino para los robots.

Describimos la multitarea como el acto de realizar dos o más tareas al mismo tiempo. También podemos definirla como el hecho de realizar una única tarea mientras estamos pensando en otras.

Ambas prácticas están desaconsejadas por la ciencia por ser contraproducentes. Y aunque nuestro instinto nos dice que el *multitasking* parece una buena forma de ahorrar tiempo, todos los estudios en este sentido demuestran lo contrario. ¿Por qué? Porque, en realidad, **la multitarea... no existe**.

¿Cómo que no existe? ¡Si yo lo hago cada día!

En realidad, no es así: cuando realizas varias tareas a la vez, tu cerebro está trasladando la atención y las funciones ejecutivas de una tarea a otra a gran velocidad. Es decir: no se desdobla ni reparte sus recursos entre las tareas, sino que se los lleva rápidamente de un sitio a otro. Lo obligamos a desconectar y volver a conectar con cada tarea hasta que el proceso termina. Es como tener que cocinar varios alimentos a la vez, cada uno en su sartén, pero usando un solo fuego que debemos ir alternando.

Consecuencias de la multitarea

La multitarea no solo agota el cerebro, también lo hace menos lúcido y menos potente:

- **El nivel de concentración que se alcanza es inferior.** Es un nivel más superficial y abre la puerta a muchos más errores.

- **Se dificulta la asimilación de información nueva** porque el cerebro está centrado en no cometer fallos cuando corre de una tarea a otra.

- **El nivel de productividad disminuye** a medida que la multitarea se alarga en el tiempo: si en una primera fase de *multitasking* el resultado es un 10, en las fases siguientes bajará a 8, 7, 4, 3... 0.

- **El nivel de compromiso e implicación es mucho menor** y lleva a la desmotivación y al *burnout* (desgaste), con más rapidez.

- **Hay menor iniciativa y creatividad,** ya que el cerebro está demasiado ocupado como para generar buenas ideas.

- **La multitarea multiplica la ansiedad,** por la sencilla razón de que cansa más.

Cómo evitar la multitarea

Ahora que hemos decidido eliminar el multitasking de nuestras dinámicas, aquí van algunos consejos para evitarlo:

1. **Cíñete a tu plan diario.** Si es necesario, enumera hasta la más mínima tarea para evitar la tentación de solaparlas.

2. **Ignora las cosas «que requieren poca atención»** –las notificaciones del móvil, la

tele, la charla de los compañeros, la lavadora, etc.–, hasta que sea su turno.

3. **Sé consciente cuando quieras empezar otra tarea** sin haber terminado la anterior. Trata de averiguar por qué quieres cambiar de repente. A menudo, lo hacemos porque la tarea que estamos realizando parece que no avanza (vamos conduciendo y vamos muy lentos debido al tráfico, así que consultamos el móvil), cuando es aburrida, cuando no nos gusta, cuando estamos agotados o cuando nos da vértigo la cantidad de cosas que aún nos quedan por hacer antes de acabar el día.

4. **Redirige tu mente al aquí y ahora** cuando te sorprendas pensando en otras cosas que no sean lo que estás haciendo ahora mismo.

5. **Asegura el orden en tu casa y en tu lugar de trabajo.** Lo ideal es tener un espacio para cada actividad, evitando trabajar

en la mesa de la cocina, doblar la ropa en el despacho o discutir por teléfono con tu compañía de seguros en la cama: si no separas los espacios, las probabilidades de lanzarte al *multitasking* se disparan.

La multitarea es enemiga de la excelencia

Si levantamos la vista de la multitarea diaria y la ponemos en la trayectoria vital, es decir, de largo recorrido, nos daremos cuenta de que la gente que ha destacado en un campo, el que sea, se ha centrado en ese y en ningún otro: Mozart ha destacado por su aportación a la música, Marie Curie se centró en la radioactividad y a Messi no le interesó nada más que ser el mejor futbolista posible.

¿Habrían sido igual de buenos si hubieran repartido sus esfuerzos entre varias profesiones con el mismo nivel de exigencia? No creo.

Muchas personas presumen de ser «especialistas» en varios ámbitos. Yo soy más de «aprendiz de todo, maestro de nada». Por eso te recomiendo que, a menos que tengas el coeficiente intelectual y la posición económica de Leonardo da Vinci[6], es mejor que te centres en un solo camino.

El método OHIO

¿Te has sorprendido alguna vez consultando la previsión meteorológica en tu móvil para, un minuto después, no recordarla? ¿O refrescando tu bandeja de correo cinco veces cada hora cuando con una es más que suficiente?

Bienvenido a OHIO. OHIO es el acrónimo de «Only Handle It Once» (Hazlo Solo Una Vez), un enfoque que me parece muy potente para evitar

---

[6] Héroe del Renacimiento italiano, Leonardo da Vinci destacó como escultor, pintor, inventor, anatomista, arquitecto, diseñador, botánico, tipógrafo, paleontólogo, poeta, ingeniero, óptico, urbanista y filósofo, entre otras actividades.

repetir tareas, bien por estar pensando en otras cosas, bien porque nos da la sensación de que «cuantas más veces lo hagamos, más seguros estaremos».

¿Alguna vez te has pasado días, o semanas, moviendo los mismos objetos en casa de un lugar a otro una y otra vez? A mí me pasaba continuamente. La próxima vez, prueba con OHIO. Cuando encuentres objetos fuera de lugar, como ropa, utensilios de cocina, papeleo, etc. en vez de simplemente desplazarlos, ubica cada objeto en su sitio correspondiente a la primera. De esta manera, prevendrás el desorden, conservarás un espacio limpio y ahorrarás tiempo y energía.

La idea detrás del método es que al abordar las tareas de inmediato y completarlas de manera eficiente, se evita la acumulación de trabajo, se reduce el tiempo dedicado a la procrastinación y se mejora la productividad en general.

Aprender a delegar y a decir no

Ser eficiente no significa ser capaz de llegar a todo personalmente y en solitario: ser eficiente también quiere decir saber delegar y decir no cuando haga falta.

Si tu jefe te solicita trabajar horas extra esta semana para completar un proyecto importante, es probable que debas aceptar, demostrando responsabilidad y compromiso. Sin embargo, este gesto no debe ser asumido como una disposición constante y debe ser correspondido.

En caso de repetirse, propón a tu jefe una compensación en forma de tiempo libre, por ejemplo (no siempre puede, ni debe, ser un aumento salarial). Este tiempo libre te permitirá atender aquellas responsabilidades o actividades personales que hayas pospuesto debido al trabajo adicional. Asegúrate de equilibrar tu vida laboral y personal para no afectar constantemente a tu familia, a menos que sea un acuerdo previo durante un período específico en el que se espera un mayor compromiso laboral.

Al establecer límites y comunicar tus necesidades, aseguras una relación laboral más sostenible y saludable a largo plazo.

Además, es crucial aprender a delegar, confiar en los demás, trabajar en equipo y cooperar. Estos elementos han sido fundamentales en nuestra evolución como especie humana. Delegar no consiste en dictar a otros cómo deben realizar las tareas, sino en ceder esa responsabilidad. Aunque sigues siendo responsable del resultado final, al delegar demuestras confianza en los demás, permitiéndoles actuar y tomar decisiones. Debes soltar y dejar hacer.

Resumen del capítulo

Todas las investigaciones indican que hacer varias tareas a la vez «para ganar tiempo» es contraproducente y debemos evitarlo. ¿Cómo?

— Secuenciando nuestra lista de tareas para no empezar una si no hemos terminado la anterior.

— Redirigiendo la mente al aquí y ahora cada vez que perdamos el hilo porque estamos pensando en otra cosa.

— Separando físicamente los distintos espacios de trabajo para no terminar trabajando en la cocina, por ejemplo.

— Recurriendo al método OHIO («Only Handle It Once»).

— Aprendiendo a delegar y a decir no.

Empieza por lo difícil

*«Haz primero las tareas difíciles. Los trabajos
fáciles se harán solos.»*

— Dale Carnegie

Al igual que Dale Carnegie, Brian Tracy nos aconseja «comer primero la rana más grande»[7]. ¿Por qué? Porque si empiezas el día tragándote una rana bien gorda, el resto del día irá cuesta abajo. ¿Y qué tarea es esa rana gorda?

La rana más grande no son las tareas importantes ni las que aportan valor a tus objetivos y a tu vida: las ranas gordas son las tareas que te fastidian, las que te ponen de mal

---

[7] Brian Tracy es un empresario y escritor motivacional canadiense, autor de obras paradigmáticas sobre desarrollo personal como los *bestseller* ¡*Tráguese ese sapo!* y *La Psicología del Logro*.

humor y las que estás obligado a hacer pase lo que pase. Son las tareas ingratas.

Pero... si esas tareas son las que me ponen de peor humor, ¿no es más lógico dejarlas para el final del día?

En absoluto. Está demostrado que si las haces en primer lugar, el mal humor momentáneo desaparece y aumenta la motivación para el resto de cosas, mientras que si las dejas para el final, todo el día se irá cargando de la energía negativa que te produce esa tarea.

Sin embargo, el primer impulso es empezar por lo fácil, ya que las tareas más difíciles requieren un mayor nivel de energía, concentración y compromiso. Y aquí entra en juego la definición de «difícil».

¿Cuáles son las tareas «difíciles»?

En líneas generales, tus tareas más difíciles son ni más ni menos que aquellas que más te cuestan a ti. No tienen que ver con su nivel de complejidad objetivo (un ejercicio de macroeconomía puede ser muy difícil para un veterinario pero muy atractivo para un economista), sino con lo que te cuesta a ti en términos de compromiso, motivación, enfoque, incertidumbre, interpretación de beneficios... A veces, la tarea más difícil de un día puede ser una llamada telefónica.

¿Qué ocurre cuando haces primero las peores tareas?

¿Recuerdas cuando decíamos que las tareas que vas posponiendo siguen ahí, y su sombra es cada vez más alargada? Pues cuando decides empezar por ellas, no solo te liberas de esa energía negativa y de la posible bola de nieve de la procrastinación sino que también obtienes un chute extra de dopamina.

La dopamina es una de las cuatro hormonas que producen bienestar (las otras tres son la oxitocina, la serotonina y la endorfina), y está asociada al sistema de recompensa cerebral.

La dopamina es la encargada de motivarnos ante la expectativa de un éxito, la que nos anima a esforzarnos por cumplir nuestros objetivos y la que nos recompensa por nuestro trabajo bien hecho con un «subidón» de satisfacción. Es como una droga, pero completamente legal y saludable.

Cuando digerimos una rana, obtenemos una dosis extra de dopamina. Cuando no lo hacemos (y eso es válido para cualquier tipo de procrastinación), el nivel de dopamina desciende y aparece la irritabilidad y el desánimo. Es decir: no solo no obtenemos la dosis extra, sino que perdemos parte de la que teníamos.

Por otro lado, cuando abordamos lo peor a primera hora del día, hay más probabilidades de éxito, ya que estamos despejados y con las pilas cargadas. Si no aprovechamos ese momento para afrontar la *big* rana, nos arriesgamos a pasar el día entero angustiados por tener que hacer esa tarea y, encima, si llegado el momento no la terminamos, habrá que volver a lo mismo al día siguiente. Nos atragantaremos con la misma rana día tras día.

Sé que a veces no es posible empezar el día por donde queremos. Si nuestra rana es una reunión muy delicada y la tenemos a las cuatro de la tarde, no podremos dormir hasta las tres para empezar el día por ahí. Lo que debemos hacer entonces es empezar el día dedicando un rato a revisar, ensayar y visualizar esa reunión, anticipando todo lo que seamos capaces de prever.

Este ensayo será suficiente para ganar a la rana, aunque sea a las cuatro de la tarde, cuando el cansancio ya empieza a despuntar.

Por otro lado, nuestros éxitos personales tienen memoria y poder acumulativo, es decir:

cuando nos habituamos a empezar por las ranas difíciles, esas mismas ranas, igual de difíciles, ya no lo son tanto unos meses más tarde: nos hemos entrenado y la dopamina se libera casi sin sensación de esfuerzo, pese a que sí nos estamos esforzando.

Cómo motivarnos para desayunar ranas

Dicho así, suena poco atractivo. Sin embargo, no lo es tanto. Vamos a verlo:

1. Recuerda que **es más grande la sombra** que proyecta la rana que la propia rana.

2. Ten presente que la rana, una vez «digerida», **produce dopamina** y que, además, esa dopamina es cada vez más sencilla de obtener.

3. **Visualiza el bienestar** que te espera para el resto del día tras librarte de las ranas matutinas.

4. Recuerda que las **probabilidades de éxito son mayores** si atiendes a las ranas durante las primeras horas del día: ¡no tientes a la suerte!

5. En vez de lamentarte, piensa en personas a las que admiras, y en **las ranas que también tuvieron que tragar para alcanzar sus sueños**.

Resumen del capítulo

Este capítulo se resume en la siguiente frase: empieza por la rana más grande. Y eso no lo digo yo solo, sino todos los expertos en crecimiento personal.

– Las ranas más grandes no tienen que ser las tareas más complejas objetivamente, sino las que más nos cuestan a nosotros personalmente. Esas deben ser las primeras.

– Realizar primero las obligaciones más ingratas reduce nuestras probabilidades de fracaso, ya que es durante la primera franja de la jornada cuando estamos más despejados y enérgicos.

– Cuando comemos primero las peores ranas, la desmotivación o el mal humor desaparecen por obra y arte de la dopamina, que es la hormona del bienestar asociada a nuestro sistema de recompensa.

— Todo ello hace que el resto de tareas del día o la semana parezcan más sencillas y abordables de lo que son.

REGLA N°7

Dedica tiempo a descansar

«Una buena risa y un sueño reparador

alejan la visita al doctor.»

— Dicho popular

Hace algunos años, antes de tomar consciencia de la importancia de una adecuada gestión del tiempo, solía pensar que lo bueno era mantenerse siempre ocupado. Pensaba que quienes estaban constantemente involucrados en mil asuntos eran quienes aprovechaban verdaderamente la vida y a quienes se debía imitar.

Con el paso del tiempo, me di cuenta de que las personas que equilibran su tiempo entre trabajo y descanso son más sabias, felices y eficientes que aquellas que nunca se toman un respiro.

No obstante, cuando hablamos con nuestros amigos y les preguntamos qué están haciendo, suelen responder que "muchas cosas". "Estoy muy ocupado/a, ya sabes", "A tope, como siempre". Esto se interpreta como que todo va bien. Sin embargo, si preguntáramos: "¿Y qué estás haciendo ahora?" y alguien nos respondiera "nada", nos preocuparíamos. Pensaríamos que algo pasa: "¿Nada? ¿Estás enfermo? ¿Qué ha ocurrido?".

Estar constantemente ocupado se ha convertido en un símbolo de estatus social, mientras que disfrutar del tiempo libre es mal visto. ¿Por qué? Sencillamente porque nos han inculcado la idea de "llegar más lejos". Es como si constantemente tuviéramos que demostrar que nuestra existencia «vale la pena», que «estamos muy solicitados» y que somos imprescindibles, ¡no sea que nos expulsen!

Claro que debemos aprovechar el tiempo. Claro que debemos aspirar a llegar lejos. ¡Este libro va de eso precisamente! Pero aprovechar el tiempo (literalmente, «sacarle provecho»), no implica mantenernos ocupados cada minuto. Son conceptos diferentes.

Por lo tanto, nuestra lógica no debe ser: "Esta persona trabaja 60 horas a la semana, seguro que es muy importante". Nuestro valor como seres humanos no puede depender de cuán cansados y estresados nos vayamos por la vida.

El descanso según la ciencia

El descanso no es ninguna broma ni algo que podamos «adaptar» a nuestras necesidades. Los recientes descubrimientos en neurología apuntan a que la falta de descanso (horas de sueño, de ocio, de relax, de desconexión...), impactan en nuestro cerebro de distintas formas: no solo vamos más cansados, estamos de peor humor y cometemos más fallos, sino que ello acaba reduciendo nuestra corteza prefrontal. Y eso son palabras mayores.

La corteza prefrontal es la parte de nuestro cerebro que se encarga de las funciones cognitivas complejas (como la toma de decisiones), y es la que nos aleja de los animales más simples: cuanto más evolucionado e inteligente es un animal, mayor es su corteza prefrontal. Y cuando la sometemos a cansancio y estrés continuado, esa zona se encoge, lo que significa que nuestra inteligencia disminuye.

La privación de descanso se considera una forma de maltrato, y tristemente se ha llevado a cabo como método de tortura: cuando a un prisionero se le priva de sueño, pronto empieza a sufrir alucinaciones, entre otras dolencias. Tres días enteros sin dormir, directamente, nos acercan a la demencia y a la muerte por fallo cardiaco.

Por contra, blindar el tiempo de descanso (no solo las horas de sueño, sino también los ratos de relax, de ocio, de contemplación, de no hacer nada), no solo nos hacen más productivos, también nos hacen mejores personas.

Cuando descansamos no perdemos tiempo: lo ganamos.

Empieza por disciplinar tus noches

Dormir es una necesidad básica, sin embargo, millones de personas no saben o no pueden descansar bien, y pocos se han tomado en serio el problema.

¿Por qué no descansamos como es debido?

La mayoría de gente reporta los mismos motivos: estrés, ansiedad, dolores físicos, preocupaciones, desequilibrio entre el cansancio mental y el físico, exceso de estímulos, luces, ruidos, etc. Sin embargo, dudo que tengamos peores condiciones para dormir que en la Edad Media, por ejemplo.

Eso es lo que le digo a mis pacientes, no para frivolizar sobre sus dolencias, sino para **relativizarlas**. No les digo que su ansiedad o sus dolores no son importantes, sino que no son importantes en el momento de meterse en la cama para dormir. Sencillamente, no son útiles.

Cualquier pensamiento o emoción que nos viene a la cabeza cuando ya hemos decidido dormir, va en nuestra contra y debemos ser capaces de alejarlo.

La libreta en la mesilla de noche

Algunos pacientes me comentan que es en la cama cuando recuerdan cosas importantes que deben hacer al día siguiente o les surgen nuevas ideas en la cabeza. Otros me dicen que las preocupaciones los abordan justo cuando se acuestan. Eso es así porque nuestro sistema nervioso está tan **desestabilizado** por el estrés que se resiste a dormir por si «hay que hacer algo más». Está permanentemente **en guardia**.

Una buena manera de decirle a nuestro cerebro que ya se puede relajar es tener en la mesilla de noche una libreta y dejar por escrito cada pensamiento que nos viene. Basta con un par de palabras. Lo que estamos diciendo a nuestra hipervigilancia es: «ok, ya está apuntado, puedes dormirte, mañana lo vemos».

Al poco de usar esta técnica, nuestro cerebro se acostumbra a dejar de dar vueltas a las cosas justo antes de dormir porque ya sabe que lo hemos anotado para el día siguiente y que no se nos olvidará.

El difícil trabajo de la melatonina

La melatonina es una hormona que generamos de forma natural y que interviene en el ciclo del sueño. Sus niveles suben al anochecer, con la ausencia de luz, y empiezan a descender tras las primeras horas de sueño: el pico de máxima melatonina se da **entre las 20h y las 22h** (puede variar en función de la estación y el lugar geográfico en el que nos encontremos). Es entonces cuando debemos estar en disposición de irnos a dormir.

La función de la melatonina es facilitar la **fase de latencia**, que es el tiempo necesario para pasar de estar despiertos a dormir (la temida fase de conciliación del sueño). Se considera normal una latencia del sueño de hasta 20 minutos en niños y jóvenes, y de hasta 30 minutos en adultos y personas mayores.

Para ayudarla a hacer su función, debemos facilitarle el camino:

- Respetando la rutina de acostarnos.

- Terminando el día con un ejercicio de relajación guiada para dormir.

- Manteniendo los mismos horarios cada día.

- Convirtiendo el dormitorio en un lugar agradable, calmado, sin desorden, con una temperatura adecuada y sin aparatos eléctricos enchufados durante la noche.

- Dando tiempo a la fase de latencia: si pretendes dormir siete horas y media, no te vayas a la cama justo cuando faltan siete horas y media para que suene el despertador. Solo conseguirás ponerte nervioso a medida que pasen los minutos y no te hayas dormido.

El ocio como obligación

Se supone que las actividades de relax están destinadas a liberar y refrescar la mente. Sin embargo, en este sistema de producción que hemos creado, incluso las actividades de placer se han convertido en una carrera contrarreloj para obtener «experiencias» y «recuerdos» para poder estar a la altura de no se sabe qué.

Con su permiso, voy a contar la anécdota de un matrimonio con dos hijos que vivían al lado de mi casa. Un verano, a la vuelta de sus vacaciones, el marido me contó que habían pasado las mejores vacaciones desde que se casaron.

Resulta que cada año, uno de los dos planificaba las vacaciones, y ese año era el turno de su mujer. Tenían un buen presupuesto, fruto de meses de trabajo duro, pero ambos estaban física y mentalmente agotados. Así que cuando la mujer se dispuso a exponer lo que había organizado, el marido se echó a temblar: en primer lugar, les esperaba un vuelo de 14 horas con dos escalas hasta su destino; luego, realizarían un recorrido con otras personas y cambiarían de alojamiento cada tres días para explorar cada rincón del país. Era perfecto porque, aunque se tenían que levantar cada día a las seis de la mañana y meterse en el autobús con los críos, aprovecharían cada minuto, iba explicando la mujer.

El marido se vio tan abrumado que tardó varios minutos en darse cuenta de que ella le estaba tomando el pelo. En realidad, lo que su mujer había planeado eran unas vacaciones de descanso *de verdad*. Irían a un hotel no muy lejos de donde vivían, con atractivos suficientes para no aburrirse, pero sin la más mínima obligación. Los niños estarían a su aire, y ellos también. Podrían volver cuando quisieran, quedar con gente para verse (o no), y hacer lo que les diera la gana.

Y es lo que hicieron.

Cuando volvieron a casa, radiantes y renovados, sus amigos se extrañaron: «¿Y eso es todo?», preguntaban, decepcionados. Esperaban el gran viaje. ¡Y lo fue!

El concepto de ocio varia de una persona a otra, de una etapa vital a otra y de unas circunstancias a otras. Pero nunca debe entenderse como forma de satisfacer modas o expectativas ajenas, al contrario: son momentos para enriquecer nuestra alma, conciliarnos con el mundo y restablecer nuestro equilibrio. La competición para ver quién reúne más «experiencias extraordinarias» alrededor del mundo que poder subir a Instagram, déjala para los demás.

¿Cómo crear tiempo de ocio y descanso?

A menudo, creemos que el tiempo de ocio no hay que planearlo porque, sencillamente, surge. Es todo el tiempo que nos queda «libre».

Pero eso no funciona así. Si no pautamos nuestro tiempo de ocio, descanso, relax y reequilibrio, simplemente, no existirá, aunque la necesidad de descanso sí seguirá existiendo. El resultado es el colapso, tarde o temprano.

A continuación, te dejo algunas pautas para tratar tu tiempo de descanso como tiempo igual de valioso que el tiempo de producción:

1. Haz un *brainstorming* de ocio.

Uno de los mayores problemas a la hora de crear tiempo de ocio es que la gente no sabe realmente qué quiere hacer con su tiempo libre. A menudo, termina haciendo lo que hacen los demás, o aquello que implique pensar lo mínimo. Cualquier actividad, por sencilla que sea, es válida si nos aporta tiempo de desconexión, pero no si mientras «disfrutamos» de ella estamos pensando que es una pérdida de tiempo.

Por eso te pido que hagas un *brainstorming* de actividades que te llamen la atención, sin importar limitación económica, posibilidades reales, etc. El objetivo es que descubras qué te llama la atención. Una noche de pizza y peli (esta es la mía), una sesión de buceo, ir a ver los aviones en el aeropuerto con tu hija, un masaje, una tarde de cocina creativa, ver un volcán en directo, clases de guitarra, un concierto a 200 kilómetros de donde vives... Todo lo que suponga liberar tu mente de estrés vale.

Por contra, estate muy atento a las actividades que apuntas para presumir de vida trepidante o demostrarle algo a alguien.

2. Somete tu lista a selección.

A continuación, valora tu lista según tus posibilidades, tus ganas y tu situación actual.

Elige unas cuantas actividades para hacer:

- Diariamente (escuchar una canción, leer un artículo que te llame la atención, hacer una pequeña compra...).

- Semanalmente (una sesión de yoga, una clase de música, una salida al monte...).

- Mensualmente.

- Anualmente.

- Una vez en la vida.

Esta lista, además de ser el primer paso para blindar tus actividades de relax, te sirve para anticiparte a ellas, cosa que avanza y alarga su propio disfrute.

3. Programa fechas para las actividades elegidas.

Recuerda que las actividades de ocio deben ser muy atractivas para ti: si justo cuando llega el momento de hacerlas prefieres tumbarte en el sofá, revisa dónde está el fallo.

Si es necesario, sacrifica obligaciones: seguro que hay tareas prescindibles, tareas que pueden aligerarse y tareas que pueden posponerse. Y no estoy hablando de incumplir obligaciones sino de equilibrar la balanza entre el tiempo de trabajo y el tiempo de descanso.

4. Automatiza las acciones que te llevan a tus actividades de ocio.

Para evitar que las actividades que más ilusión te hacen se queden en la agenda y nunca pasen al plano real, debes facilitarles el camino.

Por ejemplo: montar un día de relax en la playa debe ser algo sencillo. Si para ello tienes que realizar 45 tareas previas (alquilar un coche, cambiar un turno de trabajo, preparar la comida, comprar accesorios para el baño, descubrir dónde están guardadas las toallas de verano, posponer tareas que preferirías terminar cuanto antes, etc.), esa actividad va a convertirse en una fuente de estrés más que en un rato de placer.

Siempre que te sea posible, facilita el camino previamente.

5. Crea objetivos de ocio de largo recorrido.

William Lyon Phelps dijo una vez: «La gente más feliz es la que decide usar el ocio para desarrollarse mentalmente, la que ama la buena música, los buenos libros, los buenos cuadros, la buena compañía, la buena conversación».

Lo que yo llamo objetivos de ocio de largo recorrido son las actividades que implican un progreso, es decir, que permiten profundizar en su descubrimiento. Por ejemplo, si sientes curiosidad por la arquitectura antigua, es muy probable que disfrutes mucho más de ella a medida que la conozcas mejor. Si amas la cocina, el objetivo a largo plazo es disfrutar de preparar platos cada vez más creativos y personales según tu propio rumbo.

Tengo comprobado que ese tipo de ocio, cuando se hace para uno mismo y no para obtener nada más que la satisfacción del aprendizaje, es el mejor. Así que no olvides elegir un objetivo de este tipo para tu vida. Puede ser aprender un idioma o a tocar un instrumento, cocinar, escribir poesía o pilotar una avioneta, algo que permita un progreso.

Resumen del capítulo

— El descanso es esencial no solo para recargar pilas sino para conectarnos con el sentido de la propia vida.

— Sin embargo, se espera de todos nosotros que descansemos lo mínimo e imprescindible para no caer enfermos ni agotados. ¡No caigas en esa trampa!

— A descansar y a disfrutar de la vida también se aprende. Lo primero es evitar creer que ese tiempo surge por arte de magia en nuestras agendas. Hay que planificarlo como una tarea más.

— Hay que priorizar los buenos hábitos de sueño, cueste lo que cueste.

— El ocio no es una moda ni un privilegio: es un tipo de tiempo necesario que nos conecta con nosotros mismos. Por ello, es muy importante que lo respetemos y no lo sometamos a expectativas externas.

–   El ocio de largo recorrido contribuye a nuestra felicidad.

–   El ocio de largo recorrido contribuye a nuestra felicidad.

Hacia un futuro más productivo y feliz

Bueno, aquí nos despedimos por hoy.

Has recorrido un camino increíble en el que has adquirido herramientas y estrategias muy potentes para tomar el control de tu tiempo y de tu vida. El «simple» hecho de que hayas llegado hasta este punto así lo demuestra. ¿Sabías que un gran porcentaje de personas no terminan los libros que empiezan? Así que... ¡ENHORABUENA! ¡Vas por el buen camino!

Ahora debes seguir aplicando las 7 reglas para gestionar tu tiempo en tu día a día. Ya verás como poco a poco se convierten en algo natural y pasarán a formar parte de ti.

No te rindas nunca, sigue adelante con entusiasmo y determinación. Con tu nuevo enfoque y tus habilidades mejoradas, puedes lograr todo lo que te propongas. Recuerda que cada día es una nueva oportunidad para hacer realidad tus sueños.

Solo tú eres el dueño de tu tiempo y tienes el poder de decidir cómo quieres vivir: disfruta de cada momento de la vida. Si sigues tu camino con pasión y determinación, te esperan grandes logros y una vida llena de alegrías y satisfacción.

Eres capaz de conseguir todo lo que te propongas ¡El futuro está en tus manos!

Un abrazo,

Daniel

Tu opinión es muy importante

Como autor independiente que soy, tu opinión es muy importante para mí y para futuros lectores como tú. Te estaría enormemente agradecido si me dejases **un comentario** en tu plataforma favorita diciéndome qué te ha parecido mi libro **para así poder seguir mejorándolo**:

- ¿Qué es lo que más te ha gustado?
- ¿Hay algo que hayas echado en falta?
- ¿A quién se lo recomendarías?
- ...

¡Un regalo solo para ti!

¿Te gustaría leer **mi próximo libro completamente GRATIS**? ¡Escanea el código que aparece debajo y **apúntate a mi club de lectores**!

Te esperan grandes sorpresas: sé el primero en leer mis nuevos lanzamientos, escucha mis audiolibros de forma gratuita, consigue copias firmadas y dedicadas... ¡y mucho más!

Otros libros de Daniel J. Martin

www.ingramcontent.com/pod-product-compliance
Lightning Source LLC
Chambersburg PA
CBHW030328160726
47992CB00005B/2199